Le PETIT GUIDE du VIN

2016

Tout pour bien acheter, servir et déguster

DUNOD

Sélection des bouteilles :
Marie-Dominique Bradford

Graphisme et mise en page : Maud Warg

Pictogrammes p. 19, 21, 23 :
© Rozol-fotolia.com

Tableau p. 12-13 : d'après *Guide Hachette des Vins* © Hachette Livre (Hachette Pratique)

5 rue Laromiguière, 75005 Paris
www.dunod.com

ISBN 978-2-10-071737-8

71737 - (I) - (9) - CSBM 80° - EXT - CDD
Imprimerie CHIRAT - 42540 Saint-Just-la-Pendue
Dépôt légal : août 2015 - N° 201507.0121
Imprimé en France

Table des matières

Le vin pratique

Savoir lire une étiquette 4
Servir le vin 5
Déguster le vin 6
Accorder les plats et les vins 8
Garder et conserver le vin 10
Tableau des millésimes 12

Les clés du vin

Les cépages rouges à connaître 14
Les cépages blancs à connaître 16
Les vins rouges et rosés 18
Les vins blancs secs et doux 20
Les vins effervescents 22

Le guide des vins

Carte des vignobles de France 24
L'Alsace 26
Le Beaujolais 27
Le Bordelais 28
La Bourgogne 31
La Champagne 34
La Corse 36
Le Jura 37
Le Languedoc-Roussillon 38
La Provence 40
La Savoie 41
Le Sud-Ouest 42
La vallée de la Loire 44
La vallée du Rhône 47

Vin blanc Vin rosé Vin rouge Vin doux

SAVOIR LIRE UNE ÉTIQUETTE

❶ **PROPRIÉTÉ OU MARQUE** permet d'identifier le vin.

❷ **CUVÉES, CÉPAGES ET AUTRES MENTIONS** aide à cerner le style de vin (ex : **Élevé en fût de chêne** indique un vin plus corsé, aux notes boisées).
Attention : la mention **Vieilles vignes** n'est pas réglementée (pas d'âge minimum !).

❸ **CATÉGORIE DU VIN** Soit **Appellation d'origine protégée,** la plus réglementée ; soit **Indication géographique protégée,** aux conditions de production plus souples ; soit **Vin de France,** l'entrée de gamme.

❹ **MILLÉSIME** l'année de naissance du vin **(voir page 12).** Le vin doit provenir au moins à 85 % du millésime indiqué (15 % d'autres années possible).

❺ **TITRE ALCOOMÉTRIQUE** peut donner une idée du style du vin (un vin à 15 % sera plus corsé qu'un vin titrant 12,5 %).

❻ **VOLUME** en général 75 cl, souvent 50 cl pour les vins doux. Au-delà, on trouve notamment le magnum (1,5 l : deux bouteilles) et le jéroboam (3 l : quatre bouteilles).

❼ **MENTIONS SANITAIRES** la mention **Contient des sulfites** dès qu'un vin en contient plus de 10 mg/l ; le logo ou le message d'avertissement pour les **femmes enceintes.**

Servir le vin

À quelle température servir ?

Type de vin	Exemples	Température
Liquoreux ; effervescents	sauternes, coteaux-du-layon ; champagne	8 °C
Blancs secs légers ; rosés	muscadet, entre-deux-mers ; rosés de provence	8-10 °C
Blancs secs amples	bourgogne blanc, condrieu, pessac-léognan	10-12 °C
Rouges jeunes ou légers	beaujolais, sancerre, bourgueil	14-16 °C
Rouges âgés ou corsés	médoc, pommard, châteauneuf-du-pape, corbières	16-18 °C

Ouvrir, carafer, décanter ?

- **Ouvrir simplement la bouteille à l'avance ne sert presque à rien :** la surface de respiration du vin, limitée au goulot, est trop faible pour avoir un réel effet.
- **Les vins jeunes** peuvent être carafés une heure avant le service.
- **Les vins plus vieux** (entre 5 et 15 ans) gagnent souvent à être carafés plusieurs heures.
- **Les vins très âgés** (20 ans et +), plus fragiles, sont à traiter avec plus de précaution : redresser la bouteille plusieurs heures avant pour que le dépôt retombe au fond, et servir sans carafer (le vin s'oxygènera dans le verre) ou alors seulement pour séparer le vin de son dépôt (décantage).

Dans quel ordre servir les vins ?

La règle de base est simple : il faut aller crescendo en terme de « force » du vin, et par conséquent :

- **Servir les vins blancs avant les rouges,** plus tanniques et corsés.
- **Servir les vins doux (sucrés) après les vins secs,** donc plutôt à la fin du repas. Les classiques accords foie gras avec vin liquoreux (très sucré) en entrée, et dessert avec champagne (vin acide) ne sont donc pas idéaux !
- **Servir les vins vieux avant les vins jeunes :** contrairement à une idée répandue, les vins âgés, patinés et arrondis par le temps, gagnent à être bus avant les vins jeunes, plus riches et corsés.

Déguster le vin

La **dégustation** d'un vin peut se décomposer en **trois étapes,** d'un intérêt croissant.

La couleur (« l'œil »)

La couleur d'un vin permet de juger :

- de la **puissance du vin** (un vin clair sera plus léger, un vin dense et foncé plus corsé)
- de son **évolution** (les vins blancs passant du jaune-vert au jaune doré avec l'âge, et les rouges du violacé au brun-orangé).

Les arômes (le « nez »)

Débusquer les odeurs permet de savoir :

- si le vin a un **défaut** : goût de bouchon, de moisi, oxydation…
- si le vin est **fermé** (peu d'arômes, auquel cas il conviendra de le carafer, voir page 5) ou au contraire ouvert (déjà expressif)
- si le vin est **complexe** (multiplicité d'odeurs qui sont le signe d'un vin de qualité : florales, fruitées, végétales, épicées, boisées…).

Les principales familles d'arômes

Florale	aubépine, chèvrefeuille, bruyère, genêt, fleur d'acacia, jacinthe, pivoine, rose, tilleul, camomille, violette…
Végétale	herbe, foin, humus, sous-bois, champignons, terre, mousse, garrigue, menthe, thym, buis…
Fruitée	fruits rouges (fraise, framboise, cerise), noirs (cassis, mûre), jaunes (pêche, abricot), agrumes (bergamote, citron, pamplemousse), exotiques (banane, mangue, litchi, ananas), secs (pruneau, noix, noisette)…
Epicée	anis, cannelle, girofle, muscade, poivre, réglisse, vanille…
Empyreumatique	fumée, encens, brûlé, grillé, torréfaction, café, cacao…
Animale	gibier, fourrure, musc, viande, cuir, écurie…
Minérale	silex, pierre à fusil, graphite, pétrole, craie, iode…
Boisée	chêne, bois de santal, pin, cèdre, résine…
Pâtisserie	miel, beurre, crème, pâte d'amande, brioche, confiture, caramel…

Les saveurs (la « bouche »)

C'est en bouche que l'on juge vraiment de la qualité d'un vin, c'est-à-dire à la fois de son équilibre et de sa complexité.

- **L'équilibre** doit se faire entre : **l'acidité** et **le moelleux** (amené par le sucre et/ou l'alcool) pour les vins blancs, auxquels s'ajoute pour les vins rouges **l'astringence** (due aux tanins). Voir schéma.
- **La complexité** se mesure par : la **richesse** des saveurs et des arômes quand le vin est en bouche, et la **persistance** de ceux-ci une fois le vin avalé (on parle de « longueur » du vin).

L'équilibre des vins

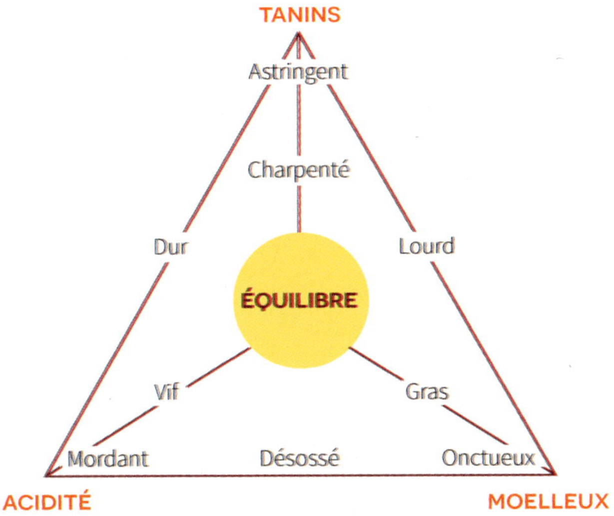

Accorder les plats et les vins

Voici des propositions d'accords, par types de plats et provenance des vins. Pour une région donnée, on trouvera plus de détails sur les appellations et les vins dans la partie « Guide des vins ».

	Alsace	Beaujolais	Bordelais	Bourgogne
Charcuterie		● (rouge)		
Foie gras	● (orange)		● (rouge)	● (jaune)
Coquillages	● (jaune)		● (jaune)	● (jaune)
Crustacés	● (jaune)			● (jaune)
Poisson grillé			● (jaune)	
Poisson en sauce	● (jaune)		● (jaune)	
Volaille rôtie			● (rouge)	● (rouge)
Volaille en sauce		● (rouge)		● (jaune)
Viande blanche grillée	● (rouge)			● (rouge)
Viande blanche en sauce		● (rouge)		
Agneau			● (rouge)	
Boeuf grillé			● (rouge)	
Boeuf en sauce				● (rouge)
Gibier			● (rouge)	● (rouge)
Fromage (type brie)		● (rouge)		● (rouge)
Fromage (chèvre)				● (jaune)
Fromage (type comté)			● (rouge)	
Fromage (bleu)			● (orange)	
Dessert aux fruits	● (orange)		● (orange)	
Dessert au chocolat				

● Vin blanc ● Vin rosé ● Vin rouge ● Vin doux

Champagne	Jura-Savoie	Languedoc-Roussillon	Provence-Corse	Sud-Ouest	Vallée de la Loire	Vallée du Rhône
	● rouge				● blanc	
				● doux	● doux	
● blanc		Picpoul			● blanc	
● blanc			● rosé			Nord
	● blanc		● rosé	● blanc	● blanc	
● blanc		● blanc	● blanc			● blanc
				● doux		● rouge
	● blanc	● rouge				● blanc
	● rouge				● rouge	
…c de …irs				● blanc	● rouge	● rouge
		● rouge		● rouge		● rouge
		● rouge	● rouge	● rouge		
				● rouge		● rouge
		● rouge	● rouge	● rouge		● rouge
	● blanc				● rouge	
				● blanc	● blanc	● blanc
	● blanc	● rouge				
		VDN		● rouge		
● rosé		Muscats		● doux	● doux	
	Vin de paille	VDN				● doux

Garder et conserver le vin

Pourquoi garder le vin ?

Le vin est un **produit vivant** qui évolue en bouteille... pour le meilleur et parfois pour le pire ! Si beaucoup de vins peuvent être bus sans attendre, certains gagnent à être conservés quelques années.

C'est le cas notamment :

- des **vins élevés en fût** (rouges ou blancs) qui ont besoin de quelques années pour s'assouplir;
- mais aussi des **vins doux** qui grâce à leurs sucres résistent à l'épreuve du temps pour offrir de délicieuses saveurs confites.

Les clés d'une bonne cave

Clé	Explication
Endroit sombre	à la lumière le vin vieillit plus vite, voire s'oxyde !
Température constante de 12 °C	plus chaud, le vin vieillit plus vite
Taux d'humidité de 80 %	Sinon les bouchons sèchent et les bouteilles coulent
Bonne aération	Evite les mauvaises odeurs qui peuvent passer dans le vin
Absence de vibration	En cave, le vin se « repose »...!
Bouteilles couchées	Pour garder les bouchons humides

Combien de temps ?

Les **vins de garde** passent par trois phases de vie, plus ou moins longues :

- **jeunesse :** dans les premiers temps la qualité augmente car le vin s'arrondit, gagne en complexité, se développe;
- **apogée :** à ce stade le vin est à son meilleur, il faut le boire ! Pas de panique, cette phase peut durer plusieurs années;
- **déclin :** le vin s'use, perd ses arômes, se décharne ou s'oxyde.

L'apogée varie suivant les régions, les millésimes, les domaines... Le tableau ci-contre donne des durées de garde indicatives.

Durée de garde des vins

Région	Vin	2-5 ans	5-10 ans	10-20 ans	20 ans et +
Alsace	Grands crus	● blanc	● blanc		
	Doux		● doux	● doux	
Beaujolais	Crus	● rouge	● rouge		
Bordeaux	Blancs secs		● blanc	● blanc	
	Rouges			● rouge	● rouge
	Liquoreux		● doux	● doux	● doux
Bourgogne	Premiers et grands crus		● blanc	● blanc	
	Premiers et grands crus		● rouge	● rouge	
Champagne	Millésimés		● blanc		
Jura	Vins jaunes, vins de paille		● blanc	● blanc	● blanc
Languedoc-Roussillon	Crus rouges	● rouge			
	Vins doux	● doux	● rouge	● rouge	
Provence	Bandol		● rouge		
Sud-Ouest	Cahors, madiran	● rouge	● rouge		
	Liquoreux	● doux	● doux	● doux	
Loire	Blancs secs	● blanc	● blanc		
	Chinon, bourgueil	● rouge			
	Moelleux	● doux	● doux	● doux	● doux
Rhône	Crus blancs	● blanc	● blanc	● blanc	
	Crus rouges	● rouge	● rouge	● rouge	

● Vin blanc ● Vin rouge ● Vin doux

TABLEAU DES MILLÉSIMES

Le millésime est **l'année de naissance du vin.** Suivant la météo de l'année, les vins peuvent être plus ou moins riches, complexes et donc « aptes à être gardés » (Voir page 10). La qualité dépend bien

	Alsace	Beaujolais	Bordeaux (blanc doux)	Bordeaux (rouge)	Bordeaux (blanc sec)	Bourgogne (blanc)	Bourgogne (rouge)
1995	12	16	18	16	17	16	14
1996	13	14	18	15	16	18	17
1997	16	13	18	14	14	17	14
1998	13	13	16	15	14	14	15
1999	10	11	17	14	13	12	13
2000	12	12	10	18	16	15	11
2001	13	11	17	15	16	16	13
2002	11	10	18	14	16	17	17
2003	12	15	18	15	13	18	17
2004	13	12	10	14	17	15	13
2005	15	18	17	18	18	18	19
2006	12	12	16	14	14	16	14
2007	16	14	17	14	15	13	12
2008	14	14	16	15	15	15	14
2009	15	18	18	18	19	16	17
2010	14	16	18	18	19	17	16
2011	15	14	17	16	15	15	14
2012	16	14	12	14	14	15	14
2013	15	15	17	14	13	15	14
2014	13	16	16	16	17	16	16

sûr du producteur, mais le tableau suivant donne des indications moyennes (plus la note est élevée, plus le potentiel de garde est grand).

Jura (vin jaune)	Languedoc-Roussillon	Loire (banc doux)	Loire (rouge)	Provence (rouge)	Rhône (nord)	Rhône (sud)	Sud-Ouest (blanc doux)	Sud-Ouest (rouge)
7	15	17	17	15	15	16	16	15
8	13	17	17	14	15	13	13	14
6	13	16	16	13	14	13	16	13
4	17	-	14	16	18	18	13	16
7	15	10	12	16	16	14	10	14
6	16	13	16	14	17	15	13	14
2	16	16	13	14	17	11	18	16
4	12	10	14	11	8	9	14	15
7	15	17	15	13	16	14	17	14
3	15	10	14	15	12	16	15	13
7	15	18	16	12	16	18	17	16
6	15	10	10	16	16	15	15	13
2	16	13	12	14	15	18	14	12
	15	12	15	12	12	12	12	13
	15	14	17	14	18	18	17	18
	17	16	17	14	16	15	12	15
	16	15	15	16	14	14	13	14
	15	10	13	14	14	14	13	15
	17	13	15	13	14	14	15	13
	15	16	17	13	13	13	14	15

Les cépages rouges à connaître

Cabernet franc

- vinifié seul en **Vallée de la Loire** (chinon, bourgueil, anjou, saumur-champigny), on le trouve en appoint du merlot dans le **Bordelais** (saint-émilion, pomerol).
- vin fin aux arômes de fruits rouges frais (framboise), légèrement tannique.

Cabernet-sauvignon

- dominant à **Bordeaux** dans le **Médoc** (haut-médoc, pauillac, margaux, saint-julien) et dans les **Graves** (graves, pessac-léognan), présent dans le **Sud-Ouest** (bergerac, buzet) et en Californie.
- bouquet typé de cassis et de cèdre, structure tannique solide, gage de longévité. Souvent associé au merlot, plus rond et chaleureux.

Carignan

- en assemblage avec syrah, grenache et mourvèdre en **Languedoc** (corbières, fitou, minervois) et **Vallée du Rhône** (côtes-du-rhône).
- vins typés aux notes de fruits noirs et d'épices, d'une bonne structure.

Cinsault

- en assemblage dans la **Vallée du Rhône** (tavel, côtes-du-rhône), en **Provence** (côtes-de-provence) et **Languedoc.**
- il est principalement vinifié en rosé, vins auxquels il apporte fruité et souplesse.

Gamay

- variété emblématique du **Beaujolais**, présente aussi en **Bourgogne** (mâcon), **Massif central** (saint-pourçain, côtes-d'auvergne) ou encore **Vallée de la Loire** (anjou-gamay, touraine).
- vin gouleyant, frais et fruité, à boire jeune, il donne dans certains crus du Beaujolais (morgon, moulin-à-vent, fleurie) des vins riches et charnus aptes à la garde.

Grenache

- en assemblage avec syrah et mourvèdre dans les vins de la **Vallée du Rhône Sud** (châteauneuf-du-pape, gigondas, rasteau) et du **Languedoc-Roussillon** (corbières, saint-chinian, côtes-du-roussillon).

confère aux vins de la rondeur, de la chaleur et des notes de cerise, cacao et pruneau. Vinifié seul, il est à l'origine des grands vins doux naturels du Roussillon (banyuls, maury).

MALBEC

dominant à **Cahors,** il se retrouve en complément dans d'autres AOC du **Sud-Ouest** et du **Bordelais** (blaye-côtes-de-bordeaux notamment), ainsi qu'en Touraine sous le nom de côt. Répandu en Argentine.

vins colorés et assez tanniques, aptes à une certaine garde.

MERLOT

cépage phare du **Bordelais** où il est associé au cabernet-sauvignon et au cabernet franc, il domine à **Pomerol** et à **Saint-Emilion.** Fréquent également dans le **Sud-Ouest** (bergerac, buzet).

Il apporte de la rondeur, du moelleux et de l'ampleur aux vins, ainsi que des arômes de fruits noirs, de pruneau et de truffe.

MOURVÈDRE

cépage dominant à **Bandol (Provence),** il se retrouve dans de nombreux assemblages en **Vallée du Rhône** et **Languedoc.**

Épicé, tannique, il donne des vins un peu austères dans leur jeunesse qui se révèlent après une bonne garde.

PINOT NOIR

cépage unique des vins rouges de **Bourgogne**, on le retrouve dans les vignobles voisins : **Champagne** (blanc de noirs et rosés), **Alsace, Jura** et **Centre-Loire** (sancerre).

il donne des vins fins et élégants aux notes de fruits rouges frais (cerise), plus ou moins corsés selon les terroirs.

SYRAH

cépage unique dans la **Vallée du Rhône Nord** (côte-rôtie, saint-joseph, crozes-hermitage); en assemblage avec le grenache et le mourvèdre en **Rhône Sud** et **Languedoc-Roussillon.**

vin coloré, très aromatique (fruits noirs, violette, poivre), charnu et d'une bonne fraîcheur.

TANNAT

dans le **Sud-Ouest** pyrénéen (cépage dominant à madiran, saint-mont) ; Uruguay.

vin coloré marqué par les fruits noirs, puissant et charpenté, apte à la garde.

LES CÉPAGES BLANCS À CONNAÎTRE

CHARDONNAY

Cépage unique des blancs de **Bourgogne**, il est très présent en **Champagne** (blancs de blancs) et un peu partout en vins de pays. Cépage blanc le plus répandu au monde (Californie, Australie, Chili…).

parfums de fruits blancs, d'agrumes et de fleurs blanches, note de noisette, une matière opulente équilibrée par une belle acidité.

CHENIN

présent en **Val de Loire,** il est à l'origine aussi bien de vins secs, liquoreux qu'effervescents (anjou, savennières, coteaux-du-layon, vouvray, montlouis-sur-loire…).

toujours marqué par une belle acidité, qui apporte de la finesse et de la fraîcheur, et des arômes de poire, de coing, de citron et de miel.

COLOMBARD

cépage blanc principalement utilisé dans les **Charentes** et le **Sud-Ouest** pour la production du cognac et de l'armagnac, il est vinifié seul dans des vins de pays (IGP côtes-de-gascogne).

vin assez ample et frais, aromatique, aux notes florales et fruitées.

GEWURZTRAMINER

en **Alsace,** aussi bien en vins secs que doux (vendanges tardives, sélection de grains nobles).

vin marqué par des arômes typiques de rose, de litchi et d'épices, assez corsé.

MUSCAT

famille de cépages que l'on trouve en **Alsace** (secs ou moelleux) comme dans les vins doux naturels du **Midi** (muscat de beaumes-de-venise, de rivesaltes, de frontignan, du cap-corse…) et de Grèce (Samos).

parfums de raisin frais et de rose, bouche ronde et savoureuse.

Pinot gris

- en **Alsace** (autrefois appelé tokay) et dans la **Vallée de la Loire** (coteaux-d'ancenis, touraine-noble-joué, châteaumeillant).
- vins puissants aux arômes de fruits jaunes, de fruits secs, de miel et de fumé, qui peuvent être aussi bien secs que doux.

Riesling

- cépage blanc des vallées du Rhin et de la Moselle (**Alsace,** Allemagne, Luxembourg).
- vins vifs et racés, aux accents de citron et de fruit blanc souvent complétés de nuances minérales (pétrole). Il est aussi bien vinifié en sec qu'en doux.

Roussanne

- en assemblage avec la marsanne dans la **Vallée du Rhône Nord** (saint-joseph, saint-péray), et avec le grenache blanc et la clairette plus au sud (châteauneuf-du-pape, languedoc). Vinifiée seule en **Savoie** sous le nom de bergeron.
- vins élégants aux arômes de miel, d'abricot et d'aubépine, dont l'acidité permet une bonne aptitude à la garde.

Sauvignon

- associé au sémillon dans le **Bordelais** et le **Sud-Ouest,** dans des vins secs (entre-deux-mers, graves, pessac-léognan, bergerac) ou liquoreux (sauternes, monbazillac). Vinifié seul dans le **Centre-Loire** (sancerre, pouilly-fumé) et en **Touraine.**
- vin d'une grande finesse et de belle garde, très aromatique, reconnaissable à ses notes de buis, de genêt et d'agrumes.

Viognier

- en mono-cépage dans l'AOC condrieu (**Vallée du Rhône Nord**) et de nombreux vins de pays IGP, en assemblage dans les côtes-du-rhône et dans le **Languedoc.**
- vin gras et très aromatique aux nuances de pêche, d'abricot et de violette.

LES VINS ROUGES ET ROSÉS

LE VIN ROUGE : D'OÙ VIENT LA COULEUR ?

- La pulpe du raisin est incolore. Pour faire du vin rouge, le principe est donc simple : il faut que le **jus de raisin macère avec la peau.**
- **L'intensité de la couleur** dépend de deux facteurs : de la nature du cépage (tous les raisins ne sont pas aussi colorés) et de la durée de macération (plus on laisse « infuser » les peaux, plus on extrait de couleur).

ROUGE SOUPLE OU STRUCTURÉ : LES TANINS

Ce qui donne aux vins rouges leur **structure,** ce sont les **tanins,** des composés qui forment le « squelette » du vin. Ils peuvent provenir de trois sources :

- **Du raisin :** la peau et les pépins en contiennent. Plus on fait macérer les raisins, plus ou extraira de tanins et plus le vin sera costaud.
- **De la rafle :** c'est la partie végétale de la grappe. Le vigneron peut choisir d'égrapper la vendange (on retire les rafles pour ne garder que les grains) ou pas (on garde les rafles). Des vins élaborés « sans égrappage », dans lesquels les rafles ont macéré, seront plus structurés.
- **De l'élevage en fût :** le bois des fûts apporte lui aussi des tanins et les vins élevés ainsi seront alors plus structurés.

LE ROSÉ, UN VIN À PART ENTIÈRE

Le rosé n'est pas un mélange de rouge et de blanc ; c'est une **technique de vinification** propre, dans laquelle on laisse « infuser » le raisin moins longtemps que pour les rouges.

On distingue deux grands types de rosé :

- Les **rosés de pressurage :** les raisins rouges sont pressés très tôt, et le jus à peine coloré fermente ensuite sans les peaux. Cela donne des **rosés clairs et légers.**
- Les **rosés de macération :** les raisins macèrent quelques heures avec leur peau, puis on presse pour fermenter le jus coloré.
  Cela donne des **rosés denses et plus corsés.**

L'ÉLABORATION DES VINS ROUGES

La **vendange** arrive au chai. Le vigneron peut choisir **d'égrapper les raisins** totalement (d'enlever la rafle, partie végétale de la grappe), partiellement (sur une partie de la vendange seulement) ou de laisser les grappes entières.

Les raisins sont mis à **fermenter** en cuve : le sucre du fruit se transforme en alcool sous l'effet des levures. Cette étape peut durer de quelques jours à plusieurs semaines. Le jus se charge en **couleur** et en **tanins** au contact des peaux.

Une fois la **fermentation achevée** (tout le sucre est devenu de l'alcool), on **écoule** le jus et on **presse** le marc (partie solide constituée des peaux, pépins et rafles) pour en extraire le jus restant.

Le vin nouveau commence alors son **élevage.** Celui-ci peut-être très court (pour les vins primeurs par exemple) ou plus long (de 15 à 18 mois), et s'effectuer **en cuve** (inox) ou **en fût** (bois de chêne), selon le type de vin souhaité.

Pour les cuvées réunissant **plusieurs cépages** (à Bordeaux notamment, mais aussi en Languedoc par exemple), on procède à **l'assemblage** des vins issus de chaque variété pour obtenir la cuvée désirée. Cet assemblage peut avoir lieu avant ou après l'élevage.

Le vin élevé et assemblé est prêt à être **mis en bouteille** et vendu. La place est libre dans les cuves et dans les chais pour accueillir la prochaine vendange !

Les vins blancs secs et doux

Un vin doublement pressé

- Le **vin blanc** est obtenu à partir de **raisins blancs** : à l'inverse du vin rouge, le jus ne macère pas avec les peaux. On presse d'abord, puis on fait fermenter.
- Les raisins blancs étant très **sensibles à l'oxydation,** tout doit être fait pour préserver les grains et accélérer le processus : vendanges manuelles, pressurage immédiat.

Les vins doux : d'où vient le sucre ?

- Les **vins doux** sont des vins dans lesquels il reste des sucres : un peu, on parle de **demi-sec** ; un peu plus, de vins **moelleux** ; beaucoup, ce sont les **liquoreux.**
- Pour obtenir ces vins, on part de **raisins très concentrés en sucre,** soit parce qu'on a laissé la maturation se prolonger, soit parce qu'on a laissé les grappes se dessécher (passerillage).
- Lors de la **fermentation,** les levures n'arrivent pas à transformer tout ce sucre en alcool… et il en reste donc à la fin dans le vin.

Vins doux naturels et vins de liqueur

On peut aussi choisir de garder du sucre du raisin en **arrêtant volontairement la fermentation** en cours. Cela peut être fait de deux façons :

- en ajoutant de **l'alcool neutre** : cela donne les **vins doux naturels** tels que le banyuls, les muscats, le maury, le porto.
- en ajoutant **une eau-de-vie** ; cela donne les **vins de liqueur** tels que le pineau-des-charentes (en utilisant du cognac) ou le floc-de-gascogne (avec l'armagnac).

Les vins doux naturels de France

Région	Vins doux naturels
Corse	Muscat du Cap corse
Languedoc	Muscats de Frontignan, de Lunel, de Mireval, de Saint-Jean-du-Minervois
Roussillon	Banyuls, Maury, Rivesaltes, Muscat de Rivesaltes
Vallée du Rhône	Muscat de Beaumes-de-Venise, Rasteau

L'ÉLABORATION DES VINS BLANCS

La **vendange** arrive au chai. Les **raisins blancs** sont très sensibles à l'oxydation, le vigneron **érafle** donc sans perdre de temps pour démarrer la vinification.

Le **jus** ne macère pas avec les peaux : les raisins sont donc **pressurés** avant de fermenter, à l'inverse de ce qui se pratique pour les vins rouges.

Le jus est mis à **fermenter** : le sucre du fruit se transforme en alcool sous l'effet des levures. Dans le cas des **vins doux,** les raisins sont tellement chargés en sucres que les levures ne pourront tout transformer en alcool. Il restera donc du sucre dans le vin.

Le vin nouveau commence alors son **élevage,** plus ou moins long (de quelques jours à quelque mois), **en cuve** (inox) ou **en fût** (type d'élevage moins répandu que pour les rouges, mais qui peut donner de très grands vins, notamment liquoreux).

Pour les cuvées réunissant **plusieurs cépages** (à Bordeaux notamment, mais aussi en Languedoc par exemple), on procède à **l'assemblage** des vins issus de chaque variété pour obtenir la cuvée désirée. Cet assemblage peut avoir lieu avant ou après l'élevage.

Le vin élevé (et assemblé) est prêt à être **mis en bouteille** et vendu. La place est libre dans les cuves et dans les chais pour accueillir la prochaine vendange !

Les vins effervescents

D'où viennent les bulles ?

- Lors de la **fermentation,** la transformation du sucre en alcool par les levures s'accompagne d'un **dégagement de gaz carbonique.**
- En temps normal, ce gaz se répand dans l'air. Mais dans le cas des champagnes et autres effervescents, le gaz reste **emprisonné** dans le vin car la fermentation a lieu directement **dans la bouteille.**

Les différents styles

La dernière étape du processus d'élaboration (voir ci-contre) est le **dosage** : l'ajout d'une petite quantité de vin sucré. Selon la quantité ajoutée, on aura plus ou moins de **sucres résiduels** dans la bouteille finale et donc un vin effervescent plus ou moins vif ou doux.

Styles de champagne en fonction des sucres résiduels

Brut nature, non dosé ou zéro dosage	Moins de 3 g/l
Extra-brut	Moins de 6 g/l
Brut	Moins de 12 g/l
Extra-dry	De 12 à 17 g/l
Sec	De 17 à 32 g/l
Demi-sec	De 32 à 50 g/l
Doux	Plus de 50 g/l

Les méthodes d'élaboration

On distingue trois grandes méthodes d'élaboration :

- la **méthode traditionnelle,** dans laquelle les bulles se forment lors d'une deuxième fermentation en bouteilles (cas du champagne et des crémants, voir ci-contre) ;
- la **méthode ancestrale** où le vin est mis en bouteille avant la fin de la fermentation : le gaz carbonique qui se dégage pendant la fin de fermentation est emprisonné dans la bouteille, provoquant l'effervescence (utilisé à Gaillac, Die et dans le Bugey)
- la **méthode en cuve close** qui consiste à effectuer la prise de mousse d'un gros volume dans une cuve hermétiquement close. Elle n'est pas autorisée pour les AOC.

L'ÉLABORATION DES VINS EFFERVESCENTS (MÉTHODE TRADITIONNELLE)

On élabore tout d'abord un **vin (blanc) sans bulles** (voir page 21) qui servira de base au vin effervescent.

On met ce vin en bouteille avec un peu de **sucre** et des **levures,** pour provoquer une **deuxième fermentation** à l'intérieur de la bouteille.

Les **bouteilles** sont entreposées **en cave** plusieurs mois. Sous l'action des levures, le sucre se transforme en alcool en dégageant du gaz carbonique. Celui-ci se dissout dans le vin, formant ainsi les **bulles.**

Pour éliminer les **dépôts** issus de la fermentation en bouteille, on **incline** progressivement les bouteilles tête en bas pour faire glisser le dépôt dans le goulot.

Le **dépôt** est expulsé, remplacé par une **liqueur de dosage** plus ou moins sucrée (voir tableau), qui donne son style final au vin. La bouteille reçoit son **bouchon** définitif.

Les bouteilles **reposent** encore quelques mois **en cave,** le temps que la liqueur d'expédition se marie pleinement au vin.

Carte des vignobles de France

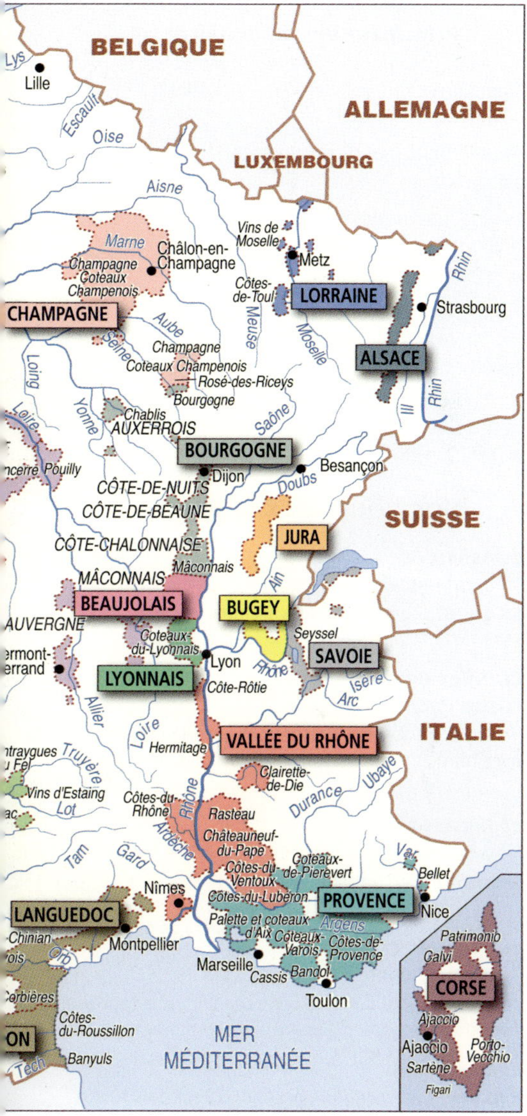

BELGIQUE
ALLEMAGNE
LUXEMBOURG
SUISSE
ITALIE
CHAMPAGNE
LORRAINE
ALSACE
BOURGOGNE
JURA
BUGEY
SAVOIE
BEAUJOLAIS
LYONNAIS
VALLÉE DU RHÔNE
PROVENCE
LANGUEDOC
CORSE
AUXERROIS
CÔTE-DE-NUITS
CÔTE-DE-BEAUNE
CÔTE-CHALONNAISE
MÂCONNAIS
AUVERGNE
Lille
Châlon-en-Champagne
Metz
Strasbourg
Dijon
Besançon
Lyon
Nîmes
Montpellier
Marseille
Toulon
Nice
Ajaccio
Vins de Moselle
Côtes-de-Toul
Champagne Coteaux Champenois
Champagne
Coteaux Champenois
Rosé-des-Riceys
Bourgogne
Chablis
Pouilly
Mâconnais
Coteaux-du-Lyonnais
Seyssel
Côte-Rôtie
Hermitage
Clairette-de-Die
Côtes-du-Rhône
Rasteau
Châteauneuf-du-Pape
Côtes-du-Ventoux
Coteaux-de-Pierevert
Côtes-du-Luberon
Palette et coteaux d'Aix
Coteaux-Varois
Côtes-de-Provence
Cassis
Bandol
Bellet
Vins d'Estaing
Chinian
Corbières
Côtes-du-Roussillon
Banyuls
Patrimonio
Calvi
Ajaccio
Sartène
Porto-Vecchio
Figari
MER MÉDITERRANÉE
Lys
Escault
Oise
Aisne
Marne
Aube
Seine
Meuse
Moselle
Rhin
Ill
Loing
Yonne
Loire
Saône
Doubs
Ain
Rhône
Isère
Arc
Allier
Truyère
Lot
Ardèche
Durance
Ubaye
Var
Argens
Tarn
Gard
Orb
Tech

L'Alsace

riesling, gewurztraminer, pinot gris, muscat, sylvaner

pinot noir

Principaux vins à connaître :
alsace, alsace grand cru, crémant-d'alsace, vendanges tardives, sélection de grains nobles

En Alsace, les vins se distinguent par leur cépage et leur niveau de douceur (sucrosité) :

- **Cépages :** les vins, très majoritairement blancs, sont le plus souvent issus d'une seule variété mentionnée sur l'étiquette : riesling, gewurztraminer, sylvaner...
- **Sucrosité :** les vins blancs jouent toute la gamme, du plus sec (pas ou peu de sucre) jusqu'au moelleux (vendanges tardives) ou liquoreux (sélection de grains nobles).

Au-delà des cépages, les vins peuvent aussi afficher le nom de leur terroir : 51 grands crus peuvent ainsi apparaître sur l'étiquette (Brand, Kaefferkopf, Schlossberg…).

Nos coups de cœur

AOP Alsace Gentil

Domaine Clément Klur Gentil de Katz 2014 - env. 8 €

Pinot blanc, pinot gris et gewurztraminer. Beaucoup de gourmandise et de fraicheur. *Apéritif dinatoire ou cuisine asiatique relevée.*

AOP Alsace Pinot Gris

Domaine Pfister Tradition 2013 - env. 13 €

Bergamote, poire et pêche au nez. Rondeur et grande longueur ponctuée de poivre blanc. *Viandes blanches, saumon fumé ou curry de lotte.*

AOP Alsace Riesling

Domaine Frey-Sohler Scherwiller 2014 - env. 8,90 €

Muscaté au nez et citronné en bouche. Minéral et racé. *Tartare de saumon, viande blanche froide mayonnaise ou coq au riesling.*

AOP Alsace Gewurztraminer

Domaine Pfister « Silberberg » 2014 - env. 14,90 €

Des arômes de rose et de litchi dans un style sec ! Aucune lourdeur, belle acidité ! *Fromages à fort caractère, quiche aux oignons et lardons.*

AOP Alsace Grand Cru

Domaine Neumeyer Riesling « Bruderthal » 2012 - env. 19,90 €

Pureté, précision, minéralité, équilibre. Citronné avec une touche de miel d'acacia. *Cuisine assez relevée (gingembre, curry, épices thai)*

Le Beaujolais

chardonnay — gamay

Principaux vins à connaître :
beaujolais et beaujolais-villages, brouilly, saint-amour, juliénas, morgon, moulin-à-vent, fleurie

Le phénomène médiatique du « beaujolais nouveau » cache une vraie région viticole dont les vins (rouges), bien qu'issus du même cépage gamay, font preuve d'une diversité intéressante :

- **deux appellations régionales** (beaujolais et beaujolais-villages) proposent des vins souples et légers, à boire sans attendre ;
- **dix crus** produits sur des terroirs limités offrent des vins plus complexes qui peuvent être gardés (fleurie, morgon, saint-amour…).

Nos coups de cœur

AOP Beaujolais blanc
Château de Lavernette 2014 - env. 10,70 €

Arômes floraux, notes d'agrumes et pointe saline. Du corps et de l'énergie jusqu'en finale. *À l'apéritif ou sur des fromages de chèvre.*

AOP Régnié
Domaine de Gry Sablon 2014 - env. 8,90 €

Beaucoup de fruit (cassis, framboise), léger et juteux avec une pointe de poivre en finale ! *Charcuterie, fromages crémeux ou poisson grillé.*

AOP Brouilly
Domaine Robert Perroud « La fournaise du Perroud » 2014 env. 13,50 €

Cassis, cerise, minéralité. En bouche, friand, corsé et charnu. Finale joliment épicée. *Assiette de charcuterie, quiches, jambon cru.*

AOP Moulin-à-Vent
Domaine Aucoeur 2014 - env. 10 €

Beaucoup de profondeur avec du fruit noir et un très beau soyeux en bouche. *Roastbeef saignant ou tomates farcies à l'agneau aux herbes.*

AOP Morgon
Domaine Roche Saint Jean « Côte du Py » 2013 - env. 11 €

Le sol de granite donne beaucoup de minéralité. Nez frais de griotte et de fruits noirs sur un fond d'épices. *Viande rouge grillée, charcuteries.*

LE BORDELAIS

LES VINS BLANCS

sauvignon, sémillon, muscadelle

Principaux vins à connaître :

bordeaux sec, entre-deux-mers, graves, pessac-léognan

sauternes, barsac, loupiac, sainte-croix du mont

Symbole du vin rouge à travers le monde, Bordeaux produit également de **grands vins blancs,** secs ou liquoreux :

- **blancs secs :** en dehors de l'AOC régionale bordeaux, ils sont produits dans **l'Entre-Deux-Mers,** triangle de terre situé entre Garonne et Dordogne, et également dans la région des **Graves,** notamment à Pessac-Léognan qui compte plusieurs crus classés.
- **liquoreux :** ils sont produits dans une petite zone au sud-est de Bordeaux dont le micro-climat favorise l'apparition de la **pourriture noble,** à l'origine de la concentration des baies. **Sauternes** et sa voisine **Barsac** en sont les modèles, et le siège des crus classés.

PRINCIPAUX CHÂTEAUX CLASSÉS EN BLANC

AOC Pessac-Léognan (secs)	Carbonnieux, Chevalier, Latour-Martillac, Malartic-Lagravière
AOC Sauternes-Barsac (liquoreux)	Yquem, Rieussec, Doisy-Daëne, Nairac, Climens, Suduiraut

NOS COUPS DE CŒUR

AOP BORDEAUX
Château Valrose 2014 - env. 11 €

Agrumes, notes finement boisées, tilleul, poire et vanille. Délicat et complexe. *carpaccio de Saint Jacques, viande blanche au citron ou à la crème.*

AOP BORDEAUX
Château Fonréaud 2014 - env. 19,90 €

Arômes de citron vert, citronnelle et vanille. Ample et salin en finale. *Brochettes de poulet aux cacahuètes, bar grillé à la verveine.*

AOP GRAVES
Château Auney-L'Hermitage 2013 - env. 11,50 €

Élevage sur lies fines en barriques pendant 10 mois. Citronné. Longueur minérale fine et distinguée. *saumon fumé ou poissons grillés.*

Les vins rouges

merlot, cabernet-sauvignon, cabernet franc

Principaux vins à connaître :

bordeaux supérieur, médoc et haut-médoc, margaux, pauillac, saint-julien, saint-estèphe, pessac-léognan, saint-émilion, pomerol, fronsac, castillon-côtes-de-bordeaux, côtes-de-bourg

On répartit les vins rouges suivant leur provenance :

- la « **Rive Gauche** » de la Garonne : c'est le **Médoc** et les **Graves,** lieux des AOC prestigieuses (margaux, pauillac, pessac-léognan…) et des grands crus classés (voir tableau), où domine le cabernet-sauvignon à l'origine de vins de grande garde.
- la « **Rive Droite** » de la Dordogne : autour de Libourne, le merlot domine dans les AOC **saint-émilion** et **pomerol,** dont les vins plus ronds que ceux du Médoc méritent tout autant la garde.
- les « **Côtes** », avec des AOC moins prestigieuses mais de bons rapports qualité-prix, autour des villes de Blaye, Bourg, Castillon, Francs ou Cadillac.

Principaux châteaux classés en rouge

AOC Haut-Médoc	La Lagune, La Tour-Carnet, Cantemerle
AOC Margaux	Margaux, Boyd-Cantenac, Giscours, Kirwan, Palmer, Prieuré-Lichine
AOC Pauillac	Lafite, Latour, Mouton-Rothschild, Pichon-Longueville, Haut-Bages Libéral, Lynch-Bages
AOC Saint-Julien	Léoville Las Cases, Lagrange, Beychevelle, Talbot, Ducru-Beaucaillou
AOC Saint-Estèphe	Cos d'Estournel, Montrose, Calon-Ségur
AOC Pessac-Léognan	Haut-Bailly, Haut-Brion, Pape-Clément, Smith-Haut-Lafitte, Bouscaut
AOC Saint-Emilion	Angélus, Ausone, Cheval Blanc, Figeac, Pavie, Beauséjour-Bécot, Canon, Trottevieille

Nos coups de cœur

AOP Bordeaux supérieur
Château de Bel 2013 - env. 10 €

100 % merlot. Moderne, privilégiant le fruit. Rond et peu tannique, bois très discret. *viandes blanches et rouges, apéritifs dînatoires.*

AOP Côtes-de-Bordeaux Castillon
Château La Brande 2011 - env. 10,50 €
À l'est de Saint-Emilion. Cassis, framboise, notes grillées et boisées. Corsé et ample, savoureux. *viandes rouges, légumes grillés ou pizzas maison.*

AOP Fronsac
Clos Candelayres 2012 - env. 18,50 €
Sous des tanins assez fermes, un palais velouté et ample. Arômes de mûre, torréfaction (café) et épices. *viandes rouges ou plats en sauces.*

AOP Graves
Château Auney-L'Hermitage 2012 - env. 11,50 €
Vin racé de grande intensité. Arômes de terre, tabac et fruits rouges et noirs. Charpenté. *épaule d'agneau au paprika, daube.*

AOP Haut-Médoc
Château Moulin Rouge Cru Bourgeois 2010 - env. 12 €
Fruits noirs confiturés, pointe de kirsch. Tanins présents, finale mentholée. Puissant et harmonieux. *Filet de bœuf, magrets de canard, gigot d'agneau.*

AOP Médoc
Château Les Bernèdes 2012 - env. 8,90 €
Cassis, prune et notes fumées. Tanins mûrs, belle structure. Finale poivrée. *aubergines farcies à l'orientale ou tagine de canard aux figues.*

AOP Montagne-Saint-Emilion
Château Hautes Graves 2010 - env. 14,90 €
Fruit mûr et fines notes boisées et réglissées. En bouche fruits noirs, tanins fondus et finale veloutée. *tagine d'agneau aux cerises.*

AOP Montagne-Saint-Emilion
Château Puynormond Les Vieilles Vignes 2012 - env. 15,50 €
100 % merlot. Arômes intenses (framboise, confiture de mûre), boisé toasté, complexe et élégant. *canard au sang ou échine de porc au poivre.*

AOP Pomerol
Clos du Canton des Ormeaux 2012 - env. 49 €
Fermenté directement dans les barriques, remplies grain par grain. Suave, chic et généreux. À découvrir sur 10-12 ans. *entrecôte aux sarments ou fricassée aux cèpes.*

AOP Saint-Emilion Grand Cru
Château Puy-Razac 2012 - env. 14,90 €
Jolies notes de fruits rouges et de réglisse. Fraîcheur en bouche (menthol), persistant. *magrets de canard aux figues ou tomates farcies.*

AOP Saint-Emilion Grand Cru
Château Côte de Baleau 2012 - env. 24,90 €
Notes de fruits noirs confiturés, de prune mûre avec une finale s'étirant sur la réglisse et les épices. Vin racé. *viande rouge aux champignons.*

AOP Saint-Emilion Grand Cru
Château Mangot 2010 - env. 19 €
Fruits noirs, pivoine, jolies notes boisées. À la fois rond et structuré, belle longueur. *agneau, canard aux cèpes ou entrecôte marchand de vin.*

La Bourgogne

chardonnay, aligoté — pinot noir, gamay

Très morcelée, la Bourgogne compte un **grand nombre d'appellations** (une centaine), elles-même la plupart du temps **divisées en terroirs** (appelés « climats »). L'unité se fait sur les cépages : un seul cépage en rouge (le pinot noir, partiellement relayé par le gamay à Mâcon) comme en blanc (le chardonnay).

On distingue donc les vins :

- **par leur provenance :** la Bourgogne, très étirée, s'étend sur trois départements différents (voir ci-dessous);
- par leur place dans la **hiérarchie des crus** (voir schéma).

L'Yonne : Chablis et sa région

Principaux vins à connaître :

- chablis, saint-bris
- irancy

Dans le département de l'Yonne, **Chablis** se décline en quatre AOC (petit-chablis, chablis, 1er cru et grand cru), et où l'on trouve également d'autres vins intéressants en rouge (irancy, bourgogne-épineuil) comme en blanc (saint-bris, bourgogne-chitry).

La Côte-d'Or : Nuits et Beaune

Principaux vins à connaître :

- gevrey-chambertin, clos-vougeot, vosne-romanée, nuits-saint-georges, pommard, volnay
- corton-charlemagne, meursault, puligny-montrachet

Au propre comme au figuré, c'est le **cœur de la Bourgogne** viticole, organisé autour des deux grands pôles que sont **Nuits-Saint-Georges et Beaune.** Long chapelet d'appellations toutes plus prestigieuses les unes que les autres, c'est le siège de 32 des 33 **grands crus** bourguignons, parmi lesquels les mythiques Romanée-Conti, Montrachet, Corton ou encore Clos-Vougeot.

La Saône-et-Loire : Chalonnais et Mâconnais

Principaux vins à connaître :

mercurey, givry

bouzeron, rully, mâcon, pouilly-fuissé, saint-véran

Le **sud de la Bourgogne** offre des vins du même style que leurs voisins de la Côte-d'Or, avec toutefois moins d'ampleur, ce qui en fait des vins plus abordables au **rapport prix/plaisir** avantageux.

Nos coups de cœur

AOP Bourgogne Chitry
Domaine Edmond Chalmeau 2014 - env. 9 €

Terroir voisin de Chablis. Élégance et fraîcheur. Citronné, élancé, assez minéral. *en apéritif ou sur des fruits de mer et entrées de poisson.*

AOP Bourgogne Hautes Côtes de Beaune
Domaine Mazilly Père et Fils La Perrière 2013 - env. 14,90 €

Minéral, joli boisé. Arômes vanillés et délicatement citronnés. Les 30 % de Pinot beurot (nom local du Pinot Gris) ajoutent du gras et du corps. *cuisse de lapin au fromage frais et noisettes.*

AOP Bouzeron
Domaine Julien Cruchandeau Cuvée massale 2014 - env. 10,90 €

Arômes concentrés d'agrumes et de fruit blanc. Dense et fin, finale longue et saline. *Saumon fumé, curry de lotte, beignets de courgettes, scones au fromage.*

AOP Chablis Premier Cru
Domaine Séguinot-Bordet Fourchaume 2014 - env. 17,50 €

Parcelle proche des Grands Crus. Pomme, beurre, touche florale. Harmonie entre l'acidité et la chair citronnée. *brochettes ou carpaccio de Saint Jacques.*

AOP Macon-Igé
Domaine Fichet La Cra 2012 - env. 16 €

Équilibre entre noisette, beurre et minéralité du terroir. Joli boisé. Bouche riche et persistante. *poulet de Bresse à la crème et aux morilles.*

AOP Montagny
Domaine Feuillat-Juillot 1er Cru Les Coères 2014 - env. 19,90 €

Notes beurrées, anisées et finement boisées. En bouche, fruits blancs et persistance minérale. *crustacés et poissons ou fromages de chèvre.*

AOP Saint-Véran
Domaine des Valanges Hors Classe 2013 - env. 17 €

Beaucoup de complexité et de profondeur. Dense et très fin, équilibré. *papillotes de cabillaud à la verveine, filet mignon aux citrons confits.*

AOP Beaune
Domaine Michel Caillot 1er Cru Avaux 2012 - env. 22,90 €
Le pinot noir comme on l'imagine ! Délicat mais dense et charpenté, fruité (cerise, cassis). Grande longueur. *rôti de porc braisé aux échalotes.*

AOP Chambolle-Musigny
Domaine A. Chopin et Fils 2013 - env. 29 €
Petits fruits rouges, cassis et note grillée. Finesse, dentelle, charme, déjà soyeux. *carré d'agneau en croûte de sésame ou jarret de veau braisé.*

AOP Pernand-Vergelesses
Domaine Jean Guiton 1er Cru Les Vergelesses 2012 - env. 24,50 €
Vignes plantées en 1943. Jus concentré et élégant, arômes de cerise et de mûre. Long ! *côtelettes d'agneau, foie de veau, volaille en cocotte.*

La pyramide des appellations

(Source : BIVB)

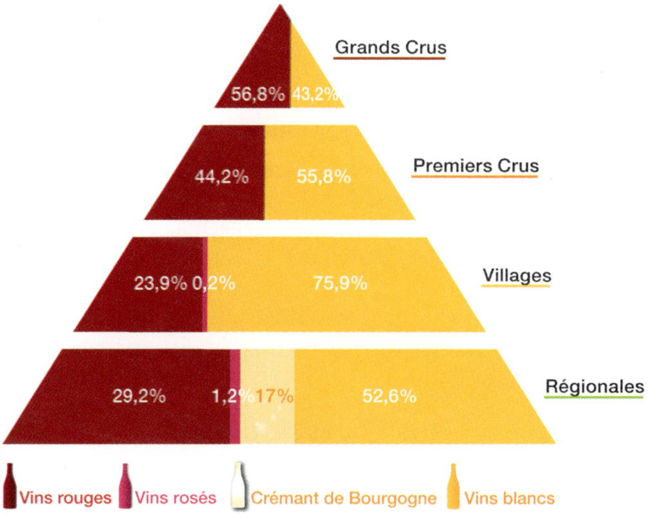

Données moyennes production 2008-2012

Appellations Grands Crus
1,4 % de la production totale
33 AOC
ex : Charmes-Chambertin, Montrachet

Appellations Premiers Crus
10,1 % de la production totale
640 Climats classés en Premiers Crus
ex : Volnay 1er Cru, Santenots, Chablis 1er Cru, Montmains

Appellations Villages
37,9 % de la production totale
44 AOC
ex : Mercurey, Pouilly-Fuissé

Appellations Régionales
50,6 % de la production totale
23 AOC
ex : Bourgogne rouge, Mâcon

La Champagne

chardonnay

pinot noir,
pinot meunier

Principaux vins à connaître :
champagne brut, extra-brut, blanc de blancs,
rosé, millésimé

La grande majorité des champagnes sont des **vins d'assemblage,** qui marient à la fois plusieurs cépages et plusieurs millésimes de récolte, de façon à obtenir un goût constant au fil des années.

Mais les producteurs peuvent aussi jouer sur différents paramètres pour créer des cuvées variées.

Les cépages

- Les « **blancs de blancs** », issus de raisins blancs uniquement (chardonnay), sont des cuvées fraîches et aériennes.
- Les « **blancs de noirs** », issus de raisins noirs uniquement (pinots noir et meunier), sont des cuvées plus généreuses et vineuses.

Le millésime

Traditionnellement, le producteur **assemble plusieurs années** pour élaborer son champagne. Mais si une année est particulièrement bonne, il peut décider de l'embouteiller pour elle-même : cela donne un **champagne de caractère** portant mention du millésime.

Le dosage

La plupart des champagnes sont « bruts », mais d'autres styles existent (voir page 22).

Nos coups de cœur

AOP Champagne
Delavenne Grand Cru Bouzy Réserve Brut - env. 26,90 €

60 % pinot noir, 40 % chardonnay. Minéral avec des arômes de beurre et de noisette. Beaucoup de concentration et bulles très fines. Longueur exceptionnelle aux accents salins. *apéritif, huîtres, viandes blanches.*

AOP Champagne
Roger Pouillon et Fils Solera Brut - env. 26 €

50 % pinot noir, 50 % chardonnay. Élevage des vins de réserve en solera de 2007 à 1997 (pour plus de complexité). Trois ans de cave avant dégorgement ! Agrumes, pomme, buis, avec une jolie touche minérale. Puissant, vineux et long en bouche. *feuilletés au fromage, poulet à la crème.*

AOP Champagne

Jeanneaux-Robin Grande Tradition Extra-brut - env. 30 €

65 % meunier, 25 % pinot noir 10 % chardonnay. Bulles très fines et notes d'agrumes et de brioche dans une bouche éclatante de fraîcheur. *Anguille fumée, rillettes, entrées à base de fromage*

AOP Champagne

Veuve Fourny & Fils Blanc de blancs Brut nature - env. 23,90 €

100 % chardonnay. Pureté de fruit (citron), note florale et minéralité du terroir de Vertus. *en apéritif avec un ceviche bien citronné.*

AOP Champagne

Veuve Fourny & Fils Cuvée R Extra-brut - env. 29,90 €

Chardonnay avec un soupçon de pinot noir. Complexité accrue par 4 ans de vieillissement. Nez de pomme au four, de brioche vanillée. Suave, crémeux et très long en bouche. *apéritif, poissons ou viandes blanches à la crème.*

AOP Champagne

Paul Dangin et Fils Carte noire Brut - env. 19,90 €

Fruits mûrs (pomme, poire), bouche vive, ample et vineuse. Un beau champagne de repas à prix très raisonnable. *huîtres ou tartare de poissons marinés aux agrumes.*

AOP Champagne

Jean Josselin Cuvée des Jean Brut - env. 22 €

Le pinot noir, roi dans cette cuvée comme souvent dans l'Aube, donne un vin puissant et généreux, avec une longueur exceptionnelle. *poulet ou saint-jacques à la crème, côte de veau aux morilles.*

AOP Champagne

Jean Pernet Grand Cru Blanc de blancs 2008 Brut - env. 27 €

Entre beurre, miel et fleurs blanches au nez et complexité, onctuosité, puissance et élégance en bouche. *lotte au beurre ou terrine de saint-jacques à la truffe.*

AOP Champagne

De Sousa Brut Réserve Grand Cru Blanc de blancs - env. 31 €

Fleurs, agrumes, noisette, brioche, bergamote. Puissant, gras et aimable avec beaucoup de profondeur. *bulots, tempura de sardines ou foie gras poêlé.*

AOP Champagne

Roger Pouillon et Fils 1er Cru Brut - env. 24,90 €

100 % pinot noir de saignée, assez coloré (courte macération de 12 h). Nez aux arômes de fraise et framboise. Champagne vineux, de grande envergure. *pintade aux cerises ou soupe de fraises.*

La Corse

vermentino, muscat à petits grains

sciacarello, nielluccio

Principaux vins à connaître :
vins-de-corse, ajaccio, patrimonio, muscat-du-cap-corse

Si la Corse produit aujourd'hui principalement des rosés, en AOC régionale « Corse », on y trouve aussi des vins **rouges de caractère** produits à partir de cépages locaux dans des AOC plus restreintes :

- au nord, le **patrimonio,** vin généreux qui met à l'honneur le nielluccio,
- au sud, **l'ajaccio,** vin frais et ciselé produit à partir du sciacarello.

En blanc, le cépage **vermentino** imprime partout sa marque entre fraîcheur (agrume) et gras (exotique), tandis que le **muscat** donne des vins doux naturels frais et gourmands.

Nos coups de cœur

AOP Corse
Clos Poggiale 2014 - env. 13 €
Rondeur acidulée. Fringuant et vif avec un côté aromatique (zeste de citron vert) et floral très charmeur. *calamars à la plancha, fruits de mer.*

AOP Corse Figari
Clos Canarelli 2014 - env. 18 €
Sciacarellu, nielluciu et grenache. Épice et floral, élégant et long, très sec. Expressif ! *acras de morue, poissons marinés grillés.*

AOP Corse Porto-Vecchio
Domaine de Torraccia Oriu 2011 - env. 17 €
Fruits noirs, épices douces et garrigue pour ce nielluccių. Tanins un peu fermes mais agréables. *chou farci ou paleron de bœuf braisé.*

AOP Patrimonio
Domaine Orenga de Gaffory 2012 - env. 12 €
Bouquet fleurs-fruits avec des notes épicées, gourmandises en bouche et fraîcheur en finale. *Souris d'agneau aux aubergines et à l'ail confit.*

AOP Muscat du Cap Corse
Domaine Antoine Arena 2013 - env. 28 €
Arômes exotiques d'abricot, litchi, mangue, tout en gardant beaucoup de légèreté en bouche. Finale citronnée, fraîche. *apéritif, tartes aux fruits.*

LE JURA

savagnin, chardonnay

pinot noir, trousseau, poulsard

Principaux vins à connaître :
arbois, côtes-du-jura, château-chalon, crémant-du-jura, vin jaune, vin de paille

Le Jura offre une large **palette de vins et de cépages** originaux :

- des **vins blancs secs** issus du chardonnay et du savagnin,
- des **vins jaunes** (secs) élevés plus de 6 ans en fût, au goût inimitable de noix et d'épices, parfaits pour le comté,
- des **vins rouges** plus ou moins concentrés nés du pinot noir et de deux cépages locaux, le trousseau (généreux) et le poulsard (léger),
- des **vins de paille** liquoreux et des vins **effervescents** (crémants).

NOS COUPS DE CŒUR

AOP ARBOIS
Rolet Père et Fils Chardonnay-savagnin 2009 - env. 15 €

Élégant et flatteur, notes boisées, amande et poire. Belle acidité qui ajoute à sa persistance. *Truite aux amandes, côte de veau aux cèpes.*

AOP ARBOIS
Rolet Père et Fils Vin Jaune 2006 - env. 28 €

Subtil, notes distinctives de noix et de curry. Finale de citron confit d'une longueur remarquable. *coq au vin jaune ou vieux comté 36 mois.*

AOP ARBOIS
Domaine Bénédicte et Stéphane Tissot
Chardonnay Les Bruyères 2011 - env. 23 €

Épice, poire, pomme et citron vert. Dense, ample et structuré, belle minéralité en finale. *fricassée de volaille aux champignons ou feuilletés au foie gras.*

AOP CHÂTEAU-CHALON
Domaine Berthet-Bondet 2007 - env. 48 €

Nez de paille, de tabac, de gelée de coing et de fruits confits. Épices (curry) et fumé, beaucoup de complexité. *colombo de veau ou très vieux parmesan.*

AOP CÔTES DU JURA
Château Gréa Pinot Noir 2012 - env. 10 €

Notes de cassis et de fraise. Bouche légère mais très expressive. Frais et pimpant. *viandes rouges (agneau, tournedos) ou porc au chou.*

LE LANGUEDOC-ROUSSILLON

grenache, bourboulenc, picpoul, macabeu, clairette	grenache, syrah, mourvèdre, carignan, cinsault

LANGUEDOC

Principaux vins à connaître :

languedoc, minervois, corbières, saint-chinian, fitou

limoux, picpoul-de-pinet

La région comprend une **grande AOC régionale** « languedoc » et des AOC plus restreintes limitées à une sous-région ou quelques communes (corbières, minervois, limoux, fitou...).

La **progression qualitative** spectaculaire du Languedoc lui permet d'offrir aujourd'hui une large palette de vins allant de **blancs séveux** à des **rouges de garde** en passant par des **rosés vineux et frais,** sans oublier les **vins doux naturels** issus du cépage muscat, ainsi que quelques **effervescents** (à Limoux).

ROUSSILLON

Principaux vins à connaître :

côtes-du-roussillon, collioure, banyuls, maury, rivesaltes

Le Roussillon est la terre d'élection des **vins doux naturels** (banyuls, rivesaltes, maury...), qui peuvent être à base de muscat, de grenache ou d'assemblage. Mais la notoriété des vins doux naturels ne doit pas faire oublier les intéressants **vins secs** en AOC côtes-du-roussillon et collioure ou en vins de pays (IGP Côtes catalanes).

NOS COUPS DE CŒUR

IGP CÔTES CATALANES
Amistat 2013 - env. 19,90 €

Citron confit, anis, pêche, melon. Vin de bouche, dense et voluptueux ! *risotto à la truffe, cuisine sucrée-salée ou pissaladière.*

AOP PICPOUL DE PINET
La Croix Gratiot 2014 - env. 10 €

Garrigue et agrumes (cédrat, kumquat). Bouche fraîche, saline et structurée. *salade de hareng, carpaccio de saumon, seiche à la plancha.*

IGP Coteaux de Béziers
Domaine Émile et Rose Léa 2011 - env. 14,90 €
Équilibre entre richesse du soleil et fraîcheur du terroir. Soyeux, superbe ! *filet mignon de porc à la fleur de thym ou canette aux olives.*

AOP Côtes du Roussillon Villages Tuchan
Domaine Gardiès Clos des Vignes 2013 - env. 19,90 €
Ample, complexe, minéral. Fruits rouges et noirs, notes sauvages, cacao et épices. *côte de bœuf à la fleur de sel ou chili con carne.*

AOP Faugères
Domaine de Cébène Belle Lurette 2013 - env. 12 €
100 % vieux carignan. Matière aux tanins raffinés grâce au terroir de schistes, longueur en bouche remarquable. *porc laqué ou bœuf bourguignon.*

AOP Languedoc La Clape
Sarrat de Goundy La Combe aux Louves 2011 - env. 20 €
Charnu et puissant. Arômes de garrigue et de myrtilles au goût légèrement grillé. *côte de bœuf au romarin ou ragoût de mouton.*

AOP Languedoc Montpeyroux
Clos de L'Aven 2011 - env. 14,90 €
Rare finesse en version épicée. Notes minérales, arômes de garrigue, tapenade, cerise et framboise. Long en bouche. *viande rouge, osso bucco.*

AOP Minervois
Domaine des Homs Les Gravières de Sancastel 2013 - env. 14,90 €
Fruits rouges, notes de garrigue, de tapenade et boisé discret. Suave, velouté et persistant. *plats d'hiver, viandes grillées et juste poivrées.*

AOP Minervois
Rouanet Montcélèbre 2012 - env. 11 €
Fruits mûrs et épices. Texture pulpeuse et veloutée empreinte de minéralité. *souris d'agneau aux épices, cassoulet, dessert au chocolat.*

AOP Saint-Chinian
Domaine Borie La Vitarèle Terres Blanches 2014 - env. 9,90 €
Framboise, cassis, épices douces. Concentré sans lourdeur, finale fraîche mentholée. *tapas, tian de légumes, bouchées d'agneau.*

La Provence

rolle, ugni blanc, clairette, bourboulenc

grenache, syrah, cinsault, mourvèdre, tibouren, carignan

Principaux vins à connaître :
côtes-de-provence, bandol, coteaux-varois, coteaux-d'aix

- Le vignoble provençal s'est spécialisé dans les **rosés.** Représentant plus de 85 % de la production, ceux-ci sont légers et fringants.
- Deuxième production (10 % environ), les **rouges** progressent régulièrement en qualité. Les meilleurs sont des vins de caractère qui acceptent une bonne garde (bandol notamment).
- Minoritaires, les **blancs** sont à boire rapidement ; toutefois, certains affichent une forte personnalité, (bellet à Nice, cassis à Marseille et palette à Aix).

Nos coups de cœur

Vin de France
Henri Milan Le Grand Blanc 2013 - env. 22 €

Un grand vin de gastronomie, dense et raffiné. Longue finale sur un bel amer. *filet mignon aux citrons confits et amandes, cabillaud au fenouil braisé ou soufflé aux maroilles.*

AOP Coteaux Varois en Provence
Château la Calisse Cuvée Patricia Ortelli 2014 - env. 17,50 €

Notes de fruits rouges (framboise, groseille) et de fleurs (violette). Épice et minéral. *saumon, tian de légumes, brochettes de volaille.*

AOP Côtes de Provence
Domaine du Dragon Cuvée Prestige 2014 - env. 10 €

Fraise et framboise bien mûres, notes florales. Ample, structuré et croquant. *friture, artichauts à la barigoule, aubergines farcies.*

AOP Bandol
Château Bastide Blanche Fontaneou 2011 - env. 25 €

Très typé mourvèdre. Fruits mûrs, épices, pointe de réglisse et de sous-bois. Solide, charpenté mais si subtil ! *gigot d'agneau, côte de bœuf.*

AOP Côtes de Provence
Château Grand Boise 2012 - env. 14,90 €

Vin fruité, frais et épicé. Tanins au grain fin. Exceptionnel. *magrets aux cèpes, sauté de lapin aux olives ou tian d'agneau au thym.*

La Savoie

jacquère, altesse, roussanne (bergeron), chasselas	gamay, mondeuse

Principaux vins à connaître :
vin-de-savoie (Apremont, Abymes), roussette-de-savoie, bugey cerdon

- Les vignobles sont plantés en **cépages** adaptés aux conditions plus rudes de la montagne, comme la mondeuse pour les rouges ou la roussette et la jacquère pour les blancs.
- La majorité des vins proviennent de **l'AOC régionale vin-de-savoie,** qui propose tous les types de vins et se décline en terroirs (Apremont, Arbin...), ou de **l'AOC roussette-de-savoie** fait uniquement de vins blancs.
- On associe souvent à la Savoie le **vignoble du Bugey,** dans l'Ain, célèbre pour son Cerdon, vin pétillant doux et rosé.

Nos coups de cœur

AOP Vin-de-Savoie
Domaine Belluard Altesse Grandes Jorasses 2013 - env. 21 €

Notes de fleurs et de fruit (pêche). Tout en ampleur et volume, finale d'agrumes à la pointe saline. *truite fumée, curry de lotte ou bar rôti sauce mousse-line.*

AOP Vin-de-Savoie
Château de Mérande Chignin-Bergeron Le Grand Blanc 2013
env. 16 €

Fleurs blanches, pêche et touche de miel. Densité et concentration en bouche avec une belle salinité. *fromages savoyards ou volaille à la crème.*

AOP Vin-de-Savoie
Le Cellier des Cray Adrien Berlioz Persan Octavie 2013 - env. 15 €

Surprenantes notes de fleurs blanches et pointe de miel. Complexité, soyeux et beaux amers en finale. *fromages ou côte de veau aux morilles.*

AOP Vin-de-Savoie
Château de Mérande La Belle Romaine Arbin Mondeuse 2013
env. 16 €

Un régal de fruit (cerise, mûre), juteux et épicé, avec des tanins enrobés mais assez fermes. *boudin, coquelets rôtis ou entrecôte au poivre.*

AOP Vin-de-Savoie
Domaine Giachino Mondeuse 2013 - env. 14 €

Très parfumé, fruits rouges, simple mais goûteux. Finale longue et poivrée. *courgettes ou tomates farcies, charcuterie savoyarde, raclette.*

Le Sud-Ouest

cabernet-sauvignon, cabernet franc, malbec, duras, fer servadou, merlot, tannat, négrette

sauvignon, sémillon, mauzac, petit et gros manseng

Principaux vins à connaître :

bergerac, cahors, buzet, fronton, gaillac, madiran, irouléguy, marcillac

bergerac, gaillac, jurançon

monbazillac, jurançon

Les vignobles du Sud-Ouest forment une **mosaïque très morcelée,** dans laquelle on peut néanmoins distinguer trois grands ensembles :

- Au Nord, les vignoble proches du Bordelais par leurs cépages et leurs types de vins : la région de **Bergerac** (bergerac, montravel, monbazillac…) ainsi que les AOC buzet, côtes-de-duras ou côtes-du-marmandais.
- Tout au sud, les **vignobles pyrénéen et gascon** (béarn, irouléguy, jurançon, madiran…) trouvent leur unité dans des cépages régionaux comme les tannat, arrufiac et manseng. La Gascogne est aussi le pays de l'armagnac.
- Entre les deux, on trouve les vins du Haut-Pays avec les appellations de la **Garonne** (fronton), du **Lot** (cahors) et du **Tarn** (gaillac). Ceux-ci affirment leur personnalité par des cépages comme la négrette dans le Frontonnais, le malbec à Cahors ou comme le braucol (rouge) et le len de l'el (blanc) à Gaillac.

Nos coups de cœur

AOP Bergerac sec
Clos des Verdots 2014 - env. 7,50 €

Rondeur et vivacité, un modèle d'équilibre. Le nez alterne entre fruit et minéralité. Tonique et aromatique ! *apéritif, huîtres ou fromages de chèvre.*

IGP Côtes de Gascogne
Chiroulet La Côte d'Heux 2014 - env. 8,90 €

Ananas, écorce d'oranges. Mûr et complexe, concentré et minéral. Finale pamplemousse. *apéritif, fromages affinés ou poissons au beurre d'agrumes.*

AOP Jurançon sec
Clos Benguères Les Galets 2014 - env. 9,50 €

Pamplemousse et fleurs blanches, belle acidité due au terroir d'altitude. Longue finale citronnée. *poissons fumés, rillettes de sardines ou fromages.*

AOP Pacherenc-du-Vic-Bilh sec
Château Labranche-Laffont 2013 - env. 10,60 €

Incisif et percutant. Notes de zeste d'agrumes et longue fraîcheur en bouche. *apéritif (jambon cru), plats à dominante de fromage ou langoustines rôties.*

AOP Cahors
Mas Del Perié Les Escures 2014 - env. 10 €

Fruits rouges et épices. Trame assez minérale, élégance et fraîcheur, très grande longueur ! *gigot de 7 heures ou poitrine de cochon grillée.*

AOP Fronton
Château Bouissel La Guillotte 2012 - env. 9,90 €

Vin riche, coloré, aux arômes de violette, réglisse et petits fruits noirs avec tanins soyeux et pointe sauvage. *tapas, tapenade et charcuteries.*

AOP Gaillac
Domaine Rotier Renaissance 2010 - env. 11 €

Fruits noirs rehaussés d'une touche réglissée. Riche en saveurs, puissant et structuré. De garde ! *bœuf mariné ou magret de canard poêlé aux cèpes.*

AOP Madiran
Château Labranche-Laffont Vieilles Vignes 2012 - env. 17,50 €

Mûres, violette, cèdre, épices et réglisse. Tanins solides mais assez fondus. Grande concentration. *tajine d'agneau aux pruneaux ou viande rouge saignante.*

AOP Jurançon
Domaine Cauhapé Ballet d'Octobre 2012 - env. 13 €

Fruits exotiques et agrumes. Fraîche et très équilibrée, la bouche évoque le soyeux des fruits rôtis. *tarte ou crumble aux fruits : abricots, pêches, mangue.*

AOP Monbazillac
Château Tour des Verdots 2010 - env. 19,90 €

Puissant et frais (menthol). Ananas confit, miel et mangue. À boire aujourd'hui ou dans 20 ans ! *tarte tatin, salade de fruits, foie gras ou roquefort.*

La vallée de la Loire

melon de Bourgogne, chenin, sauvignon	cabernet franc, gamay, pinot noir, grolleau

Suivant le cours du fleuve et de ses affluents, elle s'étend du Centre-Loire (le Berry) jusqu'au Pays nantais. Elle se subdivise en **quatre grandes zones** (voir ci-dessous) mais possède aussi deux AOC régionales : le rosé-de-loire et le crémant-de-loire.

Enfin, on rattache également à la vallée de la Loire des **vignobles voisins** tels que ceux du Haut-Poitou au sud et de la Sarthe et du Vendômois au nord.

Région nantaise

Principaux vins à connaître :
muscadet sèvre-et-maine, sur lie, gros-plant

C'est le domaine des **blancs secs plus ou moins légers** ou corsés, avec le gros-plant et les différents muscadets, dont certains sont de vrais vins de terroir (Clisson, Gorges, Côtes-de-Grandlieu).

Anjou et Saumurois

Principaux vins à connaître :
anjou-villages, saumur et saumur-champigny, savennières, coteaux-du-layon, cabernet-d'anjou

Ces deux régions voisines se distinguent principalement par leurs **vins blancs,** issus du cépage **chenin,** qui se déclinent aussi bien en **sec** (savennières) qu'en **doux** (coteaux-du-layon, bonnezeaux, quarts-de-chaume).

Touraine

Principaux vins à connaître :
chinon, bourgueil, vouvray, montlouis-sur-loire, touraine, cheverny

La variété des sols et des microclimats permet d'offrir une large palette de vins allant des **rouges plein de fraîcheur** (touraine, chinon, bourgueil) aux **blancs secs ou doux** de longue garde (vouvray, montlouis).

Centre-Loire

Principaux vins à connaître :
sancerre, pouilly-fumé, menetou-salon, quincy

Ces vignobles proposent des vins possédant en commun **légèreté et fraîcheur,** à base de sauvignon en blanc, de gamay mais aussi de pinot noir en rouge et rosés. Au côté des AOC phares que sont sancerre et pouilly-fumé, on trouve d'autres vins aux **bons rapports qualité-prix** (menetou-salon, reuilly, quincy).

Nos coups de cœur

AOP Anjou
Château de Bois Brinçon Terre de Grès 2013 - env. 10 €
Poire et pêche, tilleul, miel et fleurs. Très pur, croquant et minéral en bouche. *lapin à la moutarde, carpaccio de poisson ou gnocchis au gorgonzola.*

AOP Cour-Cheverny
Domaine Philippe Tessier La Porte Dorée 2012 - env. 19,90 €
Notes florales et minérales, fruit jaune bien mûr et amande. Servir entre 10 et 12 °C. *accompagnement crémeux ou relevé, voire exotique (rougail de morue).*

AOP Gros-Plant du Pays Nantais
Domaine Le Faye d'Homme La Part du colibri 2014 - env. 7,50 €
Vin léger, peu alcoolisé, idéal pour les chaudes journées d'été ! *sushis, crevettes-pamplemousse-avocat, sardines grillées ou maquereaux au vin blanc.*

AOP Menetou-Salon
Éric Louis 2014 - env. 10,90 €
Ceps plantés sur un tapis de petits coquillages fossilisés. Élégance et tension. Belle acidité et notes d'anis. Tonique et minéral ! *fruits de mer et sushis.*

AOP Muscadet Sèvre-et-Maine sur lie
Domaine de la Pepière Les Gras Moutons 2014 - env. 9,90 €
Complexe, généreux, presque salin. Pêche, accents minéraux et floraux. Finale au zeste de citron. *ceviche, tajine de poulet aux citrons, coquillages.*

AOP Muscadet Sèvre-et-Maine sur lie
Domaine du Haut-Bourg Le Pavillon 2014 - env. 7,90 €
Fleurs blanches et noisette. Frais et crémeux, volume remarquable sur une trame minérale. *tartare de daurade, tourteau, bar grillé aux artichauts.*

AOP Pouilly-Fumé
Château de Tracy 2013 - env. 19,80 €
Très intense : citron vert, poire/pêche blanche et poivre blanc. Bouche fraîche, rare persistance. *viandes blanches, sole grillée ou fromages de chèvre.*

AOP Sancerre
Domaine Reverdy-Ducroux Montée de Bouffant 2014 - env. 19,90 €
Notes florales, agrumes et fruits exotiques. Bouche ample, concentrée, pointe miellée et vanillée. *pain perdu au foie gras, palourdes au safran ou aïoli de lotte.*

AOP Savennières
Château de la Mulonnière L'Effet Papillon 2014 - env. 15,90 €
Suave, généreux mais tonique. Noisette, brioche au miel, beurre salé et fruit mûr. *viandes blanches à la crème, poisson au four ou fromages de chèvre.*

Vin de France
Domaine Bertin-Delatte L'Echalier 2012 - env. 13,90 €
100 % chenin. Aubépine, peaux d'agrumes, pêche. Gras, ample et savoureux. Finale saline. *poulet à la crème au zeste d'orange ou poisson grillé au fenouil.*

AOP Vouvray
Domaine Nicolas Brunet Demi-sec 2012 - env. 11 €
Pamplemousse et oranges confites. Très peu sucré, étoffé, épicé, un grand vin ! *plats asiatiques un peu relevés ou fromages à pâte persillée.*

AOP Chinon
Domaine Logis la Bouchardière 2014 - env. 7,50 €
Un bouquet de cerises bien croquantes ! Rare et grand rosé sur un grand terroir. *saumon frais, salades de crustacés et grillades relevées.*

AOP Anjou
Domaine Les Grandes Vignes L'Aubinaie 2013 - env. 10 €
Fruits rouges et noirs, fumée. Mûr, rond et équilibré. Saveurs de framboise et finale un peu poivrée. *navarin d'agneau, hachis parmentier ou chou farci.*

AOP Saint-Pourçain
Cave Laurent Calnite 2013 - env. 8,90 €
50 % pinot noir, 50 % gamay. Terroir de calcaire et de granite. Fin, élégant, charnu et hautement digeste ! *apéritif, charcuteries.*

AOP Sancerre
Domaine Joël Cirotte 2013 - env. 13 €
Très fruitée (framboise, fraise et groseille). Bouche juteuse et tendue, longue et gourmande. *rougets en escabèche, crépinettes de saumon ou tartiflette.*

AOP Saumur-Champigny
Domaine des Nerleux Les Loups noirs 2012 - env. 8 €
Nez gourmand, vanille et fruits rouges. Tanins soyeux avec une pointe de fraîcheur poivrée. Long ! *viande rouge saignante ou boulettes de bœuf au paprika.*

La vallée du Rhône

roussanne, marsanne, viognier, clairette, bourboulenc

syrah, grenache, mourvèdre, cinsault

En raison de son étirement, la région ne présente pas une unité climatique mais se compose de deux zones distinctes.

Le Nord

Principaux vins à connaître :

côte-rôtie, saint-joseph, crozes-hermitage, condrieu, saint-péray

La **syrah** donne en rouge un vin **délicat mais corsé,** de garde (cornas, côte-rôtie, hermitage). En **blanc,** plusieurs cépages entrent en jeu : viognier (condrieu), roussanne et marsanne (saint-joseph, hermitage, saint-péray).

Le Sud

Principaux vins à connaître :

châteauneuf-du-pape, gigondas, rasteau, tavel, côtes-du-rhône et côtes-du-rhône-villages, costières-de-nîmes, vacqueyras, luberon, ventoux

Ici le **grenache** tient une place importante dans l'encépagement et donne des **rouges généreux** (châteauneuf-du-pape, gigondas). La région produit aussi des rosés réputés (tavel), des blancs et même des **vins doux naturels** comme le beaumes-de-venise et le rasteau.

Nos coups de cœur

AOP Châteauneuf du Pape
Domaine de Nalys 2014 - env. 22,40 €

Agrumes, pêche de vigne et aubépine. En bouche, notes citronnées, amande fraîche et minéralité. *langoustines à la crème coco ou dos de cabillaud sauce cacahuètes.*

AOP Crozes Hermitage
Domaine Saint Clair Un Matin 2014 - env. 15,90 €

Notes d'anis, d'amande, de fruits blancs et de chèvrefeuille. Un vin charnu, persistant, très équilibré. *bar rôti au fenouil ou risotto aux asperges.*

AOP Costières de Nîmes
Château Vessière 2014 - env. 9,80 €

Belle fraîcheur aux arômes de fleurs blanches et d'agrumes avec beaucoup de gras en bouche. Abordable et savoureux ! *filets de poisson aux agrumes, acras morue.*

AOP Châteauneuf du Pape
Domaine La Biscarelle Les Anglaises 2013 - env. 25 €

Intense et complexe, notes de fruits rouges, mûre, figue, réglisse et moka. Taillé pour la garde ! *magrets de canard aux figues ou souris d'agneau aux olives.*

AOP Côtes du Rhône
Domaine de Cristia 2014 - env. 7,90 €

Grenaches de près de 70 ans ! Cerise, framboise, fraise des bois au nez, texture soyeuse en bouche. Finale longue et épicée. *viande rôtie au thym ou souris d'agneau aux épices.*

AOP Côtes du Rhône Villages Roaix
Domaine Pique-Basse Chasse Cœur 2013 - env. 10,90 €

Saveur de fruits rouges. Chair ferme mais veloutée, délicates notes fumées, superbe équilibre. *confit de canard, gigot d'agneau ou côte de bœuf.*

AOP Côtes du Rhône Villages Séguret
Domaine de Mourchon Grande Réserve 2013 - env. 19,90 €

Forte personnalité ! Bouche riche, notes épicées et réglissées, fruits noirs confits. Tanins présents mais veloutés. *confit de canard ou viandes rouges saignantes.*

AOP Costières de Nîmes
Château de Nages JT 2013 - env. 14,90 €

Poivre et cassis, notes de réglisse. Dense et velouté. Puissant mais tanins fondus, notes fraîches d'eucalyptus, très long. *carré d'agneau laqué au miel.*

AOP Crozes Hermitage
Domaine Fayolle Sens 2014 - env. 13,90 €

Élevage de 9 mois en fûts. Notes sanguines, sauvages avec beaucoup de fruits noirs et une note poivrée. *viandes rouges (canard) et gratins de légumes.*

AOP Gigondas
La Bastide Saint Vincent Costevieille 2012- env. 27,90 €

Nez intense (cerise noire, laurier et cassis). Rondeur, puissance et soyeux avec de jolis tanins charpentés. *rôti de bœuf aux champignons, magrets de canard aux cèpes.*

AOP Grignan les Adhémar
Château Bizard Serre de Courrent 2012 - env. 17,50 €

Nez riche et profond, réglisse et cassis, notes poivrées et boisées. Tanins satinés et longueur exceptionnelle ! *lapin à la tapenade ou sauté de porc aux pruneaux.*

AOP Saint Joseph
Domaine Guy Farge Passion de Terrasses 2012 - env. 19,90 €

100 % syrah plantée sur des terrasses en 1900. Nez complexe de violette et de poivre. Puissant et charpenté. *pintade en cocotte ou épaule d'agneau piquée d'ail.*

AOP Vacqueyras
Domaine de la Ganse 2012 - env. 14,90 €

Confiture de fruits, cacao et olives noires sur fond de garrigue. Dense et puissant, avec un velouté incomparable. *magrets de canard aux champignons*

AOP Vinsobres
Domaine Chaume-Arnaud La Cadène 2012 - env. 20 €

Fruits rouges et noirs, réglisse et notes de garrigue et d'épices. Fluidité, bonne acidité et grande longueur.*filets de canette aux cerises ou paleron de bœuf braisé.*